팔만대장경

7

누구나 다 알지만
잘 안읽은 이야기

7

누구나 다 알지만
잘 안읽은 이야기

팔만대장경

말씀한 이: 부처님
엮은이: 신현득
그림그린이: 송교성

솔바람

차례

3 울단월 세계의 멥쌀

책머리에

팔만대장경은 이야기의 산이지요

국보 32호 팔만대장경은, 나라의 보물입니다. 유네스코에서 세계 기록유산으로 지정한 세계의 보물이기도 합니다.

해인사 대장경은 고려 고종 임금 때 몽고가 침입하자, 부처님 힘을 빌어 나라를 지키기 위해서 1237년부터 16년 동안에 이룩한 것입니다. 호국정신에서 이룬 국가사업이었습니다.

그것은 우리 조상님들이 부처님 말씀 모두를 한 자씩 나무에 새겨서 만든, 8만 1천 258매의 경판입니다.

우리 조상님들은 이 한 자, 한 자를 새기면서 외적이 물러나서 나라에 평화가 오기를, 국민 모두 잘 살게 되기를, 후손이 잘되기를 빌었다 합니다. 팔만대장경은 우리 조상님들이 쌓은 정성더미입니다.

여기에 새겨진 부처님의 가르침은 아주 알기 쉬운 것입니다. 지키기도 쉬운 것이지요. 그 말씀을 다음 몇 마디로 간추릴 수 있습니다.

—착한 일을 하라. 착한 일을 하면 복이 온다. 나쁜 일을 하지 말라. 나쁜 일을 하면 화를 만난다.

이 가르침은, 착한 일을 한 만큼 복이 오니 착한 일을 많이 하라는 가르침입니다. 이것은 하나의 과학이지요. 나쁜 일을 한 사람에게 복이 오는 일은 절대 없으니까요. 부처님의 말씀 전체가 '복 짓는 방법 배우기'입니다.

인류의 스승이신 부처님은, 지구촌 모두가 그 가르침을 실천해서 복받기를 바라셨습니다. 그래서 더 쉽게 부처님 공부를 할 수 있도록, 재미있는 이야기를 곁들이셨어요. 이것이 '불교 설화', '불교 동화'입니다.

부처님이 들려주신 이야기는 많고 많아서 몇 편이 되는지는 아직까지 밝혀내지 못하고 있습니다. 간단히 '이야기의 산'이라 하면 될 것입니다. 팔만대장경은 복 짓는 이야기의 산입니다.

그래서 지구촌 사람들은 부처님을 세계 최초의 이야기 할아버지로 부르게 되었고, 부처님 말씀인 팔만대장경이 세계 아동문학의 보배 창고인 걸 알게 되었습니다.

부처님은 "나는 수많은 전세상에서 복을 지어 부처가 되었다." 하고, 전생 이야기를 많이 하셨는데 이를 '본생담'이라 합니다.

부처님은 전생에, 착한 코끼리의 왕, 착한 원숭이의 왕, 착한 사슴의 왕, 착한 토끼의 왕, 착한 공작새의 왕, 착한 물고기의 왕으로 있으면서 착한 일로 공덕을 쌓아 부처님이 되셨습니다.

본생담 547개 이야기를 하나로 엮은 '본생경'이 이루어진 것은, 기원전 4세기였습니다. '세계 아동문학사'에서 본생경을 세계 최초의 동화집으로 기록하고 있습니다. 이 이야기를 모두 부처님이 하셨으니 부처님은 세계 최초의 동화작가셨습니다.

부처님이 들려주신 이야기 산의 일부인 본생경을 '자타카'라고도 하는데, 자타카가 유럽에 전해져서 이솝이야기의 일부가 되었다는 것은 퍽이나 흥미 있는 사실입니다. 몇 가지 이야기만 찾아볼까요?

대머리에 붙은 파리를 잡기 위해 몽둥이로 사람을 다치게 한 본생경 44번째 「모기의 전생이야기」가 이솝이야기의 「대머리 남자와 파리」가 되었습니다.

본생경 189번째 「사자 가죽을 쓴 나귀」가 같은 제목의 이솝이야기 「사자 가죽을 쓴 나귀」가 되었지요. 사람들이 사자 가죽을 쓴 나귀를 사자로 알고 있었는데, 그 나귀가 나귀 울음소리를 냈다가 본색이 드러난 이야기입니다.

암코양이가 나뭇가지에 앉은 닭을 속여서 잡아먹으려다 실패하는, 본생경 383번째 「닭의 전생이야기」는 이솝이야기 「여우와 닭」이 되었답니다.

이처럼 팔만대장경은 이야기의 산이요, 인류의 보물입니다.

이 책 『누구나 다 알지만 잘 안읽은 이야기 팔만대장경』 4권까지는 엮은이가 2011년 1월부터 2012년 12월까지 법보신문에 연재한 『신현득 할아버지의, 부처님이 들려주신 이야기란다』에서 주로 뽑은 것입니다. 이제 5권부터는 부처님의 '자타카'를 다시 읽고 조금씩 다시 쓴 이야기도 있습니다.

독자들은 우리 조상들이 호국정신에서 이룩한 이 팔만대장경에서 부처님이 들려주신 복 짓는 여러 지혜를 배우게 될 것입니다.

어른들은 어린이에게, 어린이들은 어른에게 서로 읽어주며 이야기 나누는 책이 되길 바랍니다.

1

불을 끄는 앵무새

백성의 굶주림은 왕의 굶주림

화묵이라는 왕이 있었습니다.

어느 날 한 백성이 남의 것을 훔친 죄로 잡혀왔습니다.

"네가 정말로 남의 것을 훔쳤느냐?"

화묵왕이 도둑에게 물었습니다.

"예, 정말로 남의 것을 훔쳤습니다. 하고 도둑이 대답했습니다.

"왜 남의 것을 훔쳤는고?"

"굶주림과 헐벗음에 못 이겨 남의 것을 탐내게 되었습니다."

이 말에 화묵왕은 크게 탄식을 했습니다.

"백성의 굶주림이 곧 나의 굶주림이요, 백성의 헐벗음이 곧 나의 헐벗음이로다."

왕은 곧 감옥을 열어 모든 죄인을 풀어 주고, 창고를 열어 재물을 백성에게 나눠주었습니다. 먹을 것을 구하는 자는 먹을 것을 주고, 옷을 구하는

자에게는 옷을 주었습니다. 집과 마소와 돈을 구하는 대로 주었습니다.

백성의 생활이 넉넉해지자 훔치는 자나 거짓말하는 자가 없어졌습니다. 악을 지으면 재앙과 화가 미침을 알아서 죄를 짓지 않게 되었습니다.

그러자 원수와 적이었던 무리들이 와서 모두 신하가 되어 주었습니다. 무기가 창고에서 녹이 슬게 되었습니다.

백성들 뿐만 아니라 날짐승, 길짐승, 물고기와 기는 벌레까지 마음이 순해지고 오곡이 풍부해지고 목초까지 잘 자라주었습니다.

사람의 수명이 늘어나고, 사람마다 기쁨이 넘치게 되자 나라가 튼튼해졌습니다.

(육도집경 보시도 무극장)

베푸는 즐거움

비사위하 장자는 8억의 재산을 가진 부자였습니다. 그는 하루에 60만 금의 재물을 내어다가 남에게 나눠주었습니다. 또 음식을 보살이나 거지에게도 고루 나누어 주었습니다.

장자가 여섯 곳에 보시당을 두고 재물을 나누어주자 이웃나라 사람들까지 몰려들었습니다. 그러자, 그 공덕의 힘 때문에 제석천의 궁전이 흔들렸습니다. 그리고 제석천의 자리가 뜨거워졌습니다.

"누구냐? 공덕의 힘으로 나를 괴롭히는 자가 누구냐?"

제석천이 꽥, 소리치며 하늘 아래를 내려다보니 비사위하 장자의 보시당이 보였습니다.

'저 사람이 장차 보시의 힘으로 제석천이 되려 한다. 내 자리를 탐내는 자다.'

어떻게 해서라도 장자의 보시를 막아야겠다고 생각한 제석천은 장자를 가난뱅이로 만들기로 했습니다. 그는 신통력으로 장자가 가진 보물과 곡식을 모두 없애 버렸습니다. 기름과 꿀과 사탕을 모두 없애 버렸습니다. 보시당은 흔적까지 없애버렸습니다. 그리고 보시를 도와주던 하인들까지 모두 감춰버렸습니다. 비사위하 장자는 정말 가난뱅이가 됐습니다. 보시를 받지 못한 사람들이 아우성을 치자 장자는 아내를 불렀습니다.

"보시를 중단해서는 안 돼요. 계속하시오."

아내는 집안을 샅샅이 뒤져보고 말했습니다.

"보시할 것이라곤 반 푼어치도 없어요. 온 집안이 완전히 비었습니다."

"집안이 비다니?"

장자는 칠보를 가득 넣어 두었던 곡간을 열었습니다. 아무 것도 보이지 않았습니다.

"하인들까지 어디 갔을까? 가진 것이라고는, 우리가 입은 옷뿐이로군. 그래도 보시를 중단해서는 안 돼."

그 때 풀 베는 사내 한 사람이 낫과 막대기 하나와 새끼 한 파람을 담 너머로 던져 주었습니다.

"여보, 이것으로 풀을 베어다 팝시다. 마침 풀을 묶을 새끼도 있소."

장자 내외는 낫과 막대기와 새끼를 가지고 성밖으로 나가 풀을 두 단 베었습니다.

"자, 이 풀을 팔도록 합시다. 한 단을 팔아서 보시를 하고, 한 단을 팔아서 허기를 때워야겠소."

장자 내외는 풀 두 묶음을 묶었습니다. 그것을 막대기에 꿰어 메고 성문앞에 와서 팔았습니다. 풀 한 단 값을 거지에게 주려고 했습니다. 그런데 거지가 많아서 그 적은 돈으로는 나누어 줄 수가 없었습니다. 할 수 없이 두 단 값을 모두 주고 말았습니다.

그 날 하루를 그렇게 해서 굶주리고, 이튿날 다시 성밖에서 풀을 베었습니다. 그것을 팔았으나 거지를 주고 돈이 남지 않았습니다.

그 이튿날도, 다시 그 이튿날도…, 이렇게 하여 장자 내외는 엿새를 굶었습니다. 정신을 잃고 쓰러져 있는데, 허공에 제석천이 나타났습니다. 제석천이 장자 내외를 보고 말했습니다.

"보시를 하지 말라! 만일 보시를 하지 않는다면 네 재산은 온전히 나타날 것이다."

장자는 그 말을 듣고 있는 힘을 다해 외쳤습니다.

"보시를 하지 말라니, 당신은 누구시오?"

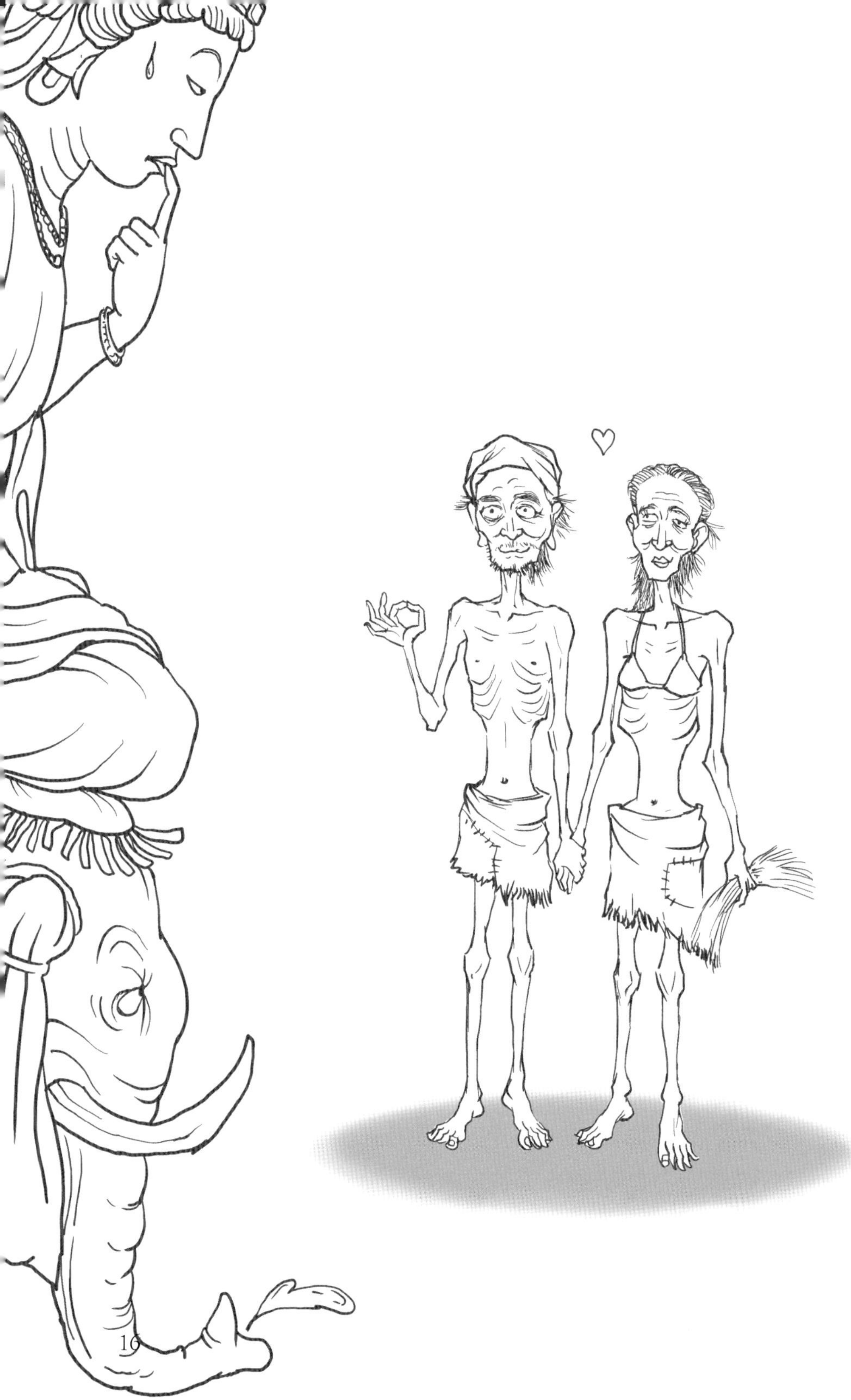

"나는 제석천왕이다."

"제석천왕이라면 보시를 권해야 마땅하거늘, 어째서 보시를 막는단 말이오? 당신은 계율을 지키고 보시를 행한 공덕으로 제석천의 지위에 오른 것 아니오? 어째서 비열한 말을 하시오. 나는 보시를 그칠 수 없소."

제석천도 바사위하 장자의 뜻을 막을 수는 없었습니다. 제석천이 물었습니다.

"무엇 때문에 보시를 하시오. 내 자리를 탐내는 것 아니오?"

"우리 내외는 제석천이나 범천의 지위를 탐내어 보시하는 것이 아니요, 남을 돕는 즐거움 때문에 보시하는 것이오."

이 말에 제석천은 마음이 놓였습니다. 그리고 그 말이 제석천을 크게 감동시켰습니다. 곧 전과 같이 재물이 나타났습니다. 보물과 곡식이 나타났습니다. 기름과 물과 사탕이 있던 그대로 나타났습니다. 하인도 나타나고 보시당도 다시 나타났습니다. 제석천은 따로 그만한 재물을 더 주면서 말했습니다.

"장자여 이젠 16억 금의 재산이 되었소. 전에는 하루에 60만 금을 보시하였는데 재산이 배로 늘었으니 120만 금을 보시하시오."

제석천은 장자를 칭찬한 뒤 하늘나라로 올라갔습니다.

(본생경 340번째 이야기)

불을 끄는 앵무새

산에 불이 났습니다.

산새와 짐승들은 불을 피해 달아나고 있었습니다. 그러나 한 마리의 앵무새는 골짜기로 내려가 개울물에 날개를 적셨습니다. 계속, 날개에 물을 적셔 와서 타는 불꽃 위에 뿌리고 있었습니다.

짐승들이 달아나며 말했습니다.

"네 작은 힘으로 산불을 끄려 하니? 어림없는 일이다. 어서 몸이나 피하자구."

앵무새가 말했습니다.

"불이 꺼지지 않더라도 번지는 불을 얼마간은 막을 수 있다. 계속 하다 보면 마침내 불을 끌 수도 있을 거야."

앵무새는 계속 날개를 적셔다가 물을 뿌리고 있었습니다.

(구잡비유경 23번째 이야기)

지혜의 물고기 왕

어부들 그물이 물고기 무리를 죄어 오고 있었습니다. 물고기들이 겁에 질려서 날뛰고 있었습니다.

"저 그물을 봐. 우리들쪽으로 죄어 온다."

"물고기 살려! 우리는 모두 죽는다!"

이때 물고기왕이 나서며 무리들을 달래었습니다.

"물고기들아. 살 수 있는 길이 있다. 당황하지 말라!"

물고기왕은 보통 물고기보다 몸집이 컸습니다.

"내가 물고기백성을 모두 살려내리라."

그는 진흙에 머리를 박고 거꾸로 서서 꼬리로 그물을 번쩍 들었습니다.

"내가 그물을 들고 있다. 어서 그물 밖으로 빠져나가거라. 어서 어서!"

물고기왕이 소리쳤습니다.

물고기들이 그물 밖으로 달아나기 시작했습니다. 그러나 수천 마리의 물고기떼가 그물을 다 빠져나가기까지는 시간이 걸렸습니다. 물고기 왕은 머리를 박은 채 숨이 막히는 고통을 참았습니다. 머리가 부서지는 듯이 아팠습니다. 꼬리가 찢어져서 피가 흘렀습니다.

물고기 왕은 꼬리로 그물을 들고 거꾸로 서서 물고기 떼가 다 빠져나가기만 기다렸습니다. 마지막으로 한 마리 물고기가 그물에서 벗어나자 물고기왕이 뒤따라 나오며 그물밖에서 쓰러졌습니다. 그는 피투성이었습니다.

"대왕님이 우리 물고기 백성을 살려내고 크게 다치셨다."

물고기들이 소리치며 몰려왔습니다.

“대왕님이 우리 때문에 피투성이가 되셨다. 약을 구해 오자.”

물고기들은 바다 속 이곳저곳을 다니면서 약을 구해 와서 물고기 왕의 상처에 발랐습니다. 어부들이 그물을 당겨 올렸습니다.

“어영차! 틀림 없이 많은 물고기떼가 걸렸을 걸, 어영차!”

그런데 그물을 당겨 올리고 보니 새끼고기 한 마리도 걸리지 않았습니다.

“분명히 고기떼가 있는 걸 보았는데 이게 웬 일일까?”

“여기 지혜의 물고기왕이 있다는 말을 들었어요.”

“물고기 왕이 있다고? 그렇다면 고기잡이는 틀렸군.”

어부들은 그물을 거두어 가고 말았습니다.

(육도집경 정진도 무극장)

더 많이 얻은 보물

상인이 5백 명 뱃사람을 거느리고 바다의 섬으로 보배를 캐러 갔습니다.

두 달 만에 많은 보배를 캐어, 배에 싣고 돌아오는 길이었습니다. 바다에서 비바람과 함께 산같은 파도가 일면서 물귀신이 날뛰었습니다.

"살아날 수가 없구나. 부모 형제 못 보고 죽는다."

뱃사람들은 죽음이 두려워 아우성을 쳤습니다. 배에 가득 실었던 많은 보물도 모두 잃고 말았습니다. 이때 주인상인이 나섰습니다.

"내 한 사람의 목숨으로 5백 생명을 구하리라. 물귀신들이 내 피를 요구하고 있다. 내가 제물이 되리라."

주인상인의 이 말에 뱃사람들이 크게 감동했습니다.

"아닙니다. 내가 목숨을 내어 놓겠습니다."

"아닙니다. 내가 목숨을 바치지요."

감동을 한 뱃사람은 너도 나도 희생이 되겠다고 했습니다. 그러나 주인상인은 벌써 칼로 자기의 목을 찔러서 피를 바다에 뿌리고 쓰러져 있었습니다. 그러자 바람 한 줄기가 크게 일더니 배를 섬 위로 밀어 올렸습니다.

"살았다!"

5백 사람이 모두 목숨을 건졌습니다. 이 아름다운 광경을 내려다본 것은 하늘의 왕, 제석이었습니다. 제석은 하늘약을 가지고 와서 주인상인의 입에 넣었습니다. 그리고 약을 상처에 발랐습니다. 주인상인은 꿈을 깨듯이 일어났습니다. 제석은 배에 가득하도록 보물을 채워주었습니다. 잃어 버린 것보다 훨씬 많고 값진 보물이었습니다. 무사히 돌아온 상인은 뱃사람들에게 보물을 나누어 주고 남은 것으로 가난한 사람을 도왔습니다.

(육도집경 정진도 무극장)

어느 원숭이 왕

원숭이 왕이 5백마리 원숭이를 거느리고 먹이를 구하러 갔습니다.

"여기에 나무 열매가 많이 있구나."

어느 숲에 이르러 막 열매를 따먹으려 하는 참이었습니다.

"저기 원숭이 무리가 있다. 붙잡아라!" 하는 소리가 났습니다. 알고 보니 그곳은 인간의 왕이 소유한 과일밭이었습니다.

"달아나자!" 하고 원숭이 무리들이 쫓기었습니다. 그런데, 꽤 깊고 넓은 내를 건너야 했습니다. 원숭이 왕은 칡덩쿨을 모아 밧줄을 만든 다음, 한쪽 끝을 높은 나무에 매고 다른 한쪽을 제 허리에 매었습니다. 그리고 내 건너 저쪽으로 몸을 던져 한 나뭇가지를 휘어잡았습니다. 그러나 밧줄이 짧았으므로 팔끝으로 겨우 저쪽 나뭇가지를 잡고 몸이 허공에 매달린 원숭이왕이 소리쳤습니다.

"빨리 이 줄을 타고 내를 건너라."

허공에 매달린 원숭이가 밧줄 다리를 다 건너자 원숭이 왕은

겨드랑이가 찢어져 기절을 하고 말았습니다. 그러던 원숭이왕은 고원지기에서 붙잡혔습니다.

기절을 했다가 깨어난 원숭이 왕은 인간의 왕 앞에 끌려갔습니다.

"인간의 대왕이시여. 우리 원숭이 무리는 대왕의 과일밭인 줄 모르고 이곳을 침범했었습니다. 모든 것이 이 원숭이왕의 잘못이오니 다른 원숭이를 용서해 주십시오."

그러자 인간의 왕이 물었습니다.

"원숭이왕이여, 그대는 어쩌다가 팔을 그처럼 많이 다쳤는가?"

원숭이왕은 팔의 겨드랑이가 찢어진 내력을 이야기했습니다.

감동을 받은 인간의 왕이 말했습니다.

"진실로 그대는 인간의 왕이 본받아야 할 본보기로다."

인간의 왕은 원숭이왕을 치료하여 산으로 돌려보내 주었습니다.

(육도집경 정진도 무극장)

독룡을 물리친 형제

어느 큰 나라에 재앙을 불러오는 용인 독룡이 있었습니다. 깊은 강물을 의지해서 사는 이 괴물이 사람들을 괴롭혔습니다. 구름을 쫓아 버려, 몇 해씩 가뭄이 오게 했습니다. 구름을 모아들이고 천둥과 번개로 구름을 두드려, 몇 달씩 큰비를 내리게 하기도 했습니다.

큰물이 나서 집을 잃고 논밭을 잃은 사람들은

"저 무도한 독룡의 심술 때문에 이 나라를 떠나야겠다." 하고 이삿짐을 싸기도 했습니다.

"이러다가는 온 나라가 황폐한 땅이 되겠군. 백성을 위해서 저 괴물을 처치하리다." 하고 용기있는 형제가 나섰습니다.

형제는 신통력을 가지고 있었습니다.

"아우야. 너는 코끼리로 몸을 바꾸어라. 나는 사자가 되겠다. 두 목숨이 죽지 않으면 이 나라의 평화는 없다."

사자가 된 형이 코끼리로 몸을 바꾼 동생을 타고 강가로 가서 용을 불러내었습니다.

"요괴야. 괴물 용아. 나오너라. 한판 겨루자!"

말이 떨어지자, 용은 긴 꼬리와 네 발을 버둥거리며 하늘로 치솟았습니다. 번개가 번쩍이고, 하늘이 찢어질듯 천둥이 울렸습니다. 너무도 무서운 광경이었습니다. 코끼리를 탄 사자도 허공으로 치솟았습니다. 구름 높이에서 사자와 독룡의 싸움이 벌어졌습니다. 사자도 큰 소리로 울부짖었습니다.

치고 할퀴고 물어뜯는 싸움이었습니다. 독룡이 꼬리로

코끼리를 때려 사자를 코끼리 등에서 떨어뜨리려 했습니다. 그 순간 사자는 독룡의 목을 물어뜯고 휘갈기고 있었습니다.

"꽥, 꾸르릉!"

독룡이 천둥소리 같은 신음 소리를 내면서 땅위로 떨어졌습니다. 사자와 코끼리도 지쳐 땅위로 떨어져 숨을 거두었습니다. 사자와 코끼리가 독룡을 죽이고 죽은 것이었습니다.

독룡이 없어지자 나라에는 바람이 순하게 불고 비는 알맞게 내렸습니다. 풍년이 들어 살기 좋은 나라가 되었습니다.

"우리가 지금 잘사는 것은 사자와 코끼리가 되어 독룡을 물리쳐 준 형제의 덕택이다." 하고 사람들은 괴물용과 싸워 준 형제를 고맙게 생각했습니다.

(육도집경 정진도 무극장)

사슴 왕 난제

코살라의 왕이 사슴 사냥을 즐겼습니다. 농사철에도 신하와 백성을 몰이꾼으로 이끌고 동산에 가서 사슴 사냥을 하였습니다.

그러자 백성들이 의논을 했습니다. 앞장 선 한 사람이 말했습니다.

"우리 대왕님이 사냥을 즐겨서 우리 생활이 위협을 당하고 있어다. 저 안사나숲에 있는 왕의 동산에 울을 둘러치고 문을 만듭시다. 그리고 숲에 사는 사슴을 모두 몰아서 넣고 문을 잠그도록 합시다. 대왕님이 이 동산에서 하루에 사슴 한 마리씩을 쉽게 사냥하도록 하면 백성들이 자기 일을 할 수 있을 것 같습니다."

"좋습니다."

백성들이 찬동을 하고 모두 사슴을 찾아 나섰습니다.

난제라는 사슴 왕이 있었습니다. 사슴 왕이 그의 부모 되는 사슴과 숲그늘에 쉬고 있을 때 사슴 몰이꾼이 오고 있었습니다.

사슴 왕이 부모 사슴에게 말했습니다.

"부모님, 저기 사슴 몰이꾼이 오고 있어요. 이러다가 우리 가족 모두 저들의 손에 잡히게 될 겁니다. 나는 숲 앞쪽에 있다가 저들이 막대기로 숲을 두드릴 때 맨 먼저 왕의 동산으로 뛰어들겠습니다. 그렇게 하지 않으면 우리 일가족이 모두 죽습니다."

곧 몰이꾼이 숲으로 닥쳤습니다. 사슴 왕은 혼자 왕의 동산쪽으로 뛰어들었습니다. 이렇게 하여 부모 사슴은 화를 면하고 사슴 왕 난제만 왕의 동산 울 안에 갇히게 되었습니다.

사슴 왕의 부모는 아들 사슴이 걱정되었습니다. 어느 날 부모 사슴은 지나가는 바라문을 보고 부탁하였습니다.

"안사나 숲으로 가시거든 우리아들 난제 사슴 왕에게 부모가 몹시 기다린다고 전해 주시오."

바라문은 안사나 숲을 지나다가 사슴 왕을 만나 부모 사슴의 말을 전했습니다.

사슴 왕이 말했습니다.

"나는 코끼리만치 큰 힘을 가지고 있습니다. 당장 이 울타리를 부수고 부모님께 달려갈 수 있지요. 그러나 나 혼자 살겠다고 여기를 피할 수는 없습니다. 차례를 기다렸다가 이들 사슴의 목숨을 모두 구한 뒤 돌아가겠습니다."

사슴 왕이 죽을 차례가 제일 먼저였습니다. 인간의 왕은 숲으로 들어가 사슴 왕에게 활을 겨누었습니다. 그런데 사슴 왕 난제는 조금도 두려워하는 눈치가 아니었습니다.

왕은 사슴 왕을 쏘지 못했습니다. 사슴 왕이 물었습니다.

"인간의 대왕이여, 왜 활을 쏘지 않소?"

인간의 왕이 대답했습니다.

"사슴 왕이여, 나는 활을 쏠 수 없구나. 나는 바라문으로부터 너에 대해서 이야기를 들었다. 너희 의리와 효성에 감동하지 않을 수 없다."

"인간의 대왕이여 나는 나 혼자 살고 싶은 것이 아니오. 나머지 사슴은 어쩔 생각이오?"

사슴 왕의 말에 인간의 왕이 대답했습니다.

"사슴 왕이 원한다면 그들도 모두 살려 주겠다."

(본생경 385번째 이야기)

등불이 된 제자

한 바라문 스승이 있었습니다.

스승은 부처님과 제자를 청해서 대접하고 여러 날 설법을 듣기로 했습니다. 여러 제자 바라문이 일을 나누어 맡았습니다.

그때, 심부름을 시켰던 제자 한 사람이 와서 여쭈었습니다.

"선생님, 심부름을 모두 마쳤습니다. 또, 저는 무슨 일을 할까요?"

스승이 말했습니다.

"남은 일이 무엇인지 찾아 보아라."

"등불 켜는 일 한 가지가 남아 있습니다. 이 일을 맡아도 되겠습니까?"

"그래, 그 일은 네가 맡도록 해라."

그런데 등불을 켜려고 하니 초도 등대도 없었습니다.

'어떻게 한담?'

한참 생각하던 제자는 마음을 다졌습니다.

"내 스스로 초가 되고, 등불이 되리라."

그는 수백 명을 내려다볼 수 있는 등대를 쌓았습니다. 큰 독에 삼씨 기름을 채우고 그 안에 몸을 담그었습니다. 기름에 적신 천을 몸에 감았습니다. 날이 어두워지자 사람들이 웅성거리기 시작했습니다.

"어두워서 아무 일도 못하겠구나."

"불을 켜지 않고 그래."

그 때 불이 켜졌습니다.

"어? 이렇게 밝을 수 있나?"

수백 명 사람의 등불이 된 어린 제자를 보고 깜짝 놀랐습니다.

"저런, 사람이 타고 있다!"

사람들이 불을 끄려고 달려가자 부처님이 조용히 말리셨습니다.

"그냥 두어라. 그냥 두어라."

눈을 조용히 감고 두 손을 모은 제자는 몸에 불이 붙어 타는데도 얼굴하나 찡그리지 않았습니다.

"참으로 장하다, 참으로."

사람들은 등불이 돼 준 제자를 고맙게 여기며 경을 읽고 일을 했습니다. 하늘사람과 용과 귀신의 무리까지 와서 등불이 된 제자를 바라보았습니다.

제자는 이레 동안이나 등불이 돼 탔습니다. 그러나 이상하게도 몸은 조금도 다치지 않았습니다. 오로지 정신을 한곳에 모우고 있었으니까요.

'나무불!' 하고 말이죠.

(육도집경 보시도 무극장)

2

고운머리 아가씨

거지와 공주

어떤 국왕이 예쁜 공주를 두었습니다. 왕과 왕비는 공주를 매우 귀여워했습니다.

어느 날 왕은 공주에게 고운 옷과 보물을 주면서 물었습니다.

"얘야, 이건 누구 덕택이냐?"

그러자 공주는 말했습니다.

"제가 전생에 많은 복을 지었어요. 그 인연의 덕택이지요."

왕은 공주의 대답이 괘씸하다고 생각을 했습니다.

"국왕인 네 아비를 놔두고 전생에 지은 복이라니?"

"아바마마, 국왕을 아버지로 만나 것도 제가 지은 복이어요."

"그래? 그렇다면 저 거지를 네 남편으로 삼아라. 복이 있다면 잘 살 것이 아니냐?"

왕은 공주를 대궐에서 쫓아내었습니다. 대궐에서 쫓겨난 공주는 거지에게 가서 부부가 되자고 말했습니다.

"제가 어떻게 공주님과 결혼을 할 수 있습니까?"

거지는 두려워하며 벌벌 떨었습니다.

공주는 거지를 타일렀습니다.

"왕이 당신에게 공주를 주었어요. 이건 당신이 복을 지었기 때문입니다. 왜 그것을 마다합니까?"

거지와 공주는 부부가 되었습니다.

부부는 같이 성문을 나가 이웃나라를 향해 걸었습니다. 낮에는 남의 눈에 띌까봐 숲 속에 숨어 있다가 밤에는 길을 걸었습니다.

이웃나라 성문에 도착했습니다. 이 나라는 아주 큰 나라였습니다.

성문에는 여덟 사람의 높은 관리가 들어오는 사람 이름을 적으면서 관상을 보고 있었습니다.

거지와 공주를 보자 관리들은 그만 꿇어 엎디어 절을 하며 말했습니다.

"아이구, 우리 대왕님과 왕비께서 오셨구먼요. 참으로 많은 복을 지으셨습니다."

거지가 물었습니다.

"도대체 그것은 무슨 말이요?"

"속이지 마십시오. 당신은 거지 차림을 하고 있지만 큰 나라 임금이 되실 모습입니다. 당신의 부인은 왕비가 되실 관상이어요. 우리나라 국왕이 되어주십시오."

이 나라는 얼마 전에 왕이 세상을 떠난 것이었습니다. 그러나 대를 이을 왕자가 없었으므로 왕이 될 사람을 찾고 있는 중이었습니다.

"나라 안 사람을 다 찾아보아도 왕이 될만큼 복을 지은 사람은 없었어요. 그래서 성문으로 들어오는 이웃나라 사람을 조사하고 있던 중입니다. 부디 우리나라 국왕이 되어주십시오."

거지와 공주는 억지로 이 나라의 왕과 왕비가 되었습니다.

공주의 아버지가 가진 나라보다 더 크고 힘이 센 나라였습니다.

(구잡비유경 7번째 이야기)

주은
福
지운
福

누가 안전할까?

어느 숲에 네 무리의 사슴이 있었습니다. 첫째 무리의 사슴이 생각했습니다.

'우리는 저 사냥꾼이 주는 먹이를 받아서 맛나게 먹자. 그리고 마음 놓고 편안히 지내자. 사냥꾼이라지만 저 사람은 우리를 해칠 것 같지는 않다.'

첫째 무리는 계속 사냥꾼의 둘레에서만 맴돌았습니다.

ANGER
COVID
19
4

둘째의 사슴 무리는 생각했습니다.

'우리는 첫째 무리들처럼 저렇게는 하지는 말자. 사냥꾼은 친절해도 속마음을 모르거든. 언제 우리를 해칠지 모르니까 경계를 해야 된다. 그러자면 사냥꾼이 주는 먹이를 먹지 말고 이 곳을 떠나 숲을 의지해서 풀을 먹고살자.'

이렇게 생각한 둘째 사슴 무리는 곧 사냥꾼 곁을 떠났습니다. 그러나 겨울이 닥치자 눈이 쌓이고 먹을 풀이 말라 버렸습니다.

둘째 사슴무리는 배고픔을 해결하기 위해 할 수 없이 사냥꾼 곁으로 돌아와 주는 먹이를 얻어먹게 되었습니다.

셋째 사슴 무리가 생각했습니다.

'저 첫째와 둘째 사슴 무리의 행동은 틀렸다. 우리는 사냥꾼에서 멀지도 가깝지도 않은 곳에 가서 살자. 사냥꾼이 먹이를 줄 때면 와서 먹고, 아닐 때는 잡히지 않을 만한 곳에 가서 지내자. 우리는 경계심을 가지고 사냥꾼의 작전에는 걸리지 않도록 하자.'

사냥꾼은 생각했습니다.

"첫째 사슴 무리와 둘째 사슴 무리는 손 안에 들어있다. 그래서 언제나 사냥감이 될 것이다. 그런데 셋째 무리는 아주아주 약거든. 먹이를 주면 먹지만 잡히지 않네. 저 셋째 무리가 있는 둘레에 그물을 쳐 두자."

이리하여 셋째 사슴 무리도 사냥꾼의 손아귀에 놓이게 되었습니다.

넷째 사슴 무리는 생각했습니다.

'저 첫째, 둘째, 셋째 무리가 모두 사냥꾼의 위험 속에 있다. 우리는 아주 사냥꾼에서 멀리 떠나 돌아오지 말자.'

넷째 무리는 사냥꾼에서 멀리 떠나버렸습니다.

"게을러서는 안 돼. 마음을 놓아서도 안 된다. 경계를 늦추어도 안 돼!"

넷째 사슴 무리들은 힘을 모아 부지런히 했으므로 여름 동안 충분한 먹이를 준비했습니다. 그 먹이를 겨울에 먹으면서 지낼 수 있게 되었습니다.

사냥꾼이 생각했습니다.

"저 넷째 무리는 멀리 있으면서 내 가까이에는 오지 않는다. 먹이에 속지도 않는다. 어려움을 스스로 해결하고 있다. 경계가 심해서 내가 가면 빨리 달아나 버린다. 그물을 칠 수도 없구나. 저 무리는 포기해야겠군."

(중아함경 47권 엽사경)

고운머리 아가씨

성자로 불리는 대가다연나 수행자가 5백 제자를 이끌고 건나국사성을 지나게 되었습니다.

이 성에 한 바라문의 부인이 있었는데 딸 고운머리를 보고 슬픈 목소리로 말했습니다.

"얘, 고운머리야. 대가다연나 성자가 5백 제자를 거느리고 우리 성에 오셨다는구나. 그 성자는 돌아가신 너의 아버지 친구 분이시다. 너의 아버지가 살아 계셨다면 그 5백 제자와 성자께 한 끼의 공양을 대접할 수 있으련만."

이 말을 듣고 딸 고운머리는 어머니께 여쭈었습니다.

"저는 머리털이 곱다 하여 고운머리라는 이름으로 불리고 있잖아요? 이 머리털을 잘라서 다리를 만들어 팔면 그 5백 분 제자와 성자의 한 끼 공양을 드릴 수 있을 거예요. 악기를 잘 다루는 음악가 한 사람이 아버지 살아 계실 때 아주 비싼 값으로 저의 머리털을 사려 했거든요. 자른 다음 머리털이야 자랄 것 아닙니까? 머리털을 팔도록 합시다."

고운머리는 곧 다리를 사겠다던 음악가를 찾아갔습니다. 음악가는 말했습니다.

"그 때는 아가씨의 고운 머리가 필요했었지요. 지금은 필요 없게 됐어요. 그러나 그 때의 반값이라면 지금에라도 사겠어요."

고운머리는 할 수 없이 전날에 흥정하던 반값에 머리털을 팔았습니다. 긴 머리를 모두 쪄서 네 개의 다리로 만들어 음악가에게 주고, 그 돈으로 쌀과 반찬을 사서 5백 그릇이 넘는 점심 공양을 만들었습니다.

머리털이 없는 고운머리는 머리에 수건을 쓰고 어머니의 일을 거들

었습니다.

5백 명 수행자들이 고운머리의 부지런한 태도와 아리따운 모습에 감동을 했습니다. 수행자들이 점심을 들고 난 다음 인사를 하고 떠났습니다.

어머니는 제일 마지막으로 떠나는 대가다연나 성자에게 물었습니다.

"존자님. 이번 이 공양은 우리 딸 아이 고운머리가 머리를 쪄서 다리로 만들어 판 돈으로 차린 것입니다. 이 공덕이 좋은 지음이 됐으면 하는데요. 아버지 없이 크는 아이가 어느 집에 맡겨지겠습니까?"

성자가 조용히 말했습니다.

"좋은 인연이 될 것입니다. 따님 고운머리 아가씨와 이야기도 해보았습니다. 훌륭하고 착한 따님을 두셨군요. 따님은 틀림없이 안팎으로 잘

꾸민 보물을 얻게 될 것이며, 그 보물에 영락의 수가 우리에게 공양한 5백의 수가 될 것입니다."

어머니는 성자의 말에 감동을 받았습니다. 그리고 성자의 말씀이 그대로 이루어지기를 기다리고 있었습니다.

대가다연나 성자는 그 길로 올서니국에 이르러 왕으로부터 대접을 받게 되었습니다.

이 나라의 왕은 수행자들의 마음가짐을 시험해보기 위해 코끼리 우리와 말 외양간에 좋은 음식, 나쁜 음식을 차려놓고, 맛이 어떤가를 물었습니다. 그리고 5백 명 수행자를 공양한 것을 큰 일처럼 자랑하였습니다.

이때 대가다연나 성자가 왕에게 말했습니다.

"하나의 궁궐에서 5백 명 공양을 차리기는 쉬운 일입니다. 어제 건나

국사국을 지나왔는데 그곳 한 아가씨는 자기 머리를 쪄서 팔아, 5백 명 공양을 차렸습니다."

그 말을 들은 왕은 깜짝 놀라며 물었습니다.

"그 다리의 값이 얼마나 되었기에 그 많은 비용이 되었을까요?"

"머리 값이 5백 금이라 합니다. 머리털이 고와서 아가씨 이름이 '고운머리'랍니다."

왕은 다시 생각했습니다.

'머리털 값이 5백 금이라면 여간 잘 생긴 아가씨가 아니겠군.'

아직 왕비를 정하지 못한 총각 왕은 곧 사자를 건나국사국으로 보내어 정혼을 하고 오라고 했습니다.

사자는 작은 오막살이 앞에서 물었습니다.

"고운머리 아가씨 댁이지요? 아가씨를 좀 만날 수 있을까요?"

사자의 말이 끝나자 머리에 수건을 쓴 아가씨가 나왔습니다.

"과연 미모이시군요. 혼처가 생겼어요?"

그러자 어머니가 말했습니다.

"이 아이를 데려갈 사람은 보물에 단 500개 영락을 예물로 줄만한 재산이 있어야 하는데요."

"물론이지요. 그만한 영락에다 다섯 개 마을을 어머니께 드리겠답니다."

"그쯤 된다면 좋이 견디는 집안이겠군요?"

"좋이 견딜 뿐 아니죠. 신랑은 우리나라 대왕님이세요."

"대왕님?"

어머니는 그만 입이 딱 벌어지고 말았습니다.

(비나야잡사 21권)

세리바와 세에라바아

세리바와 세에라바아는 같은 보석장수였습니다. 세리바는 정직하고, 세에라바아는 마음씨가 나빴습니다.

어느 날 두 패물장수는 같은 마을로 행상을 나갔습니다.

"보물 사세요! 보물 귀걸이가 있어요. 팔찌와 목걸이가 있어요. 영락이 있어요!"

세에라바아가 외치면서 골목을 돌아다녔습니다.

어느 낡은 집 대문 안으로 들어갔습니다.

세에라바아의 패물을 구경한 그 집 아가씨는 할머니를 졸랐습니다.

"할머니 영락 하나만……."

"얘야, 우리 형편에 영락이 뭐니? 너의 아비 어미가 죽고 이제 남은 건 이 낡은 집뿐이다."

"그래도, 저 영락을 갖고 싶은 걸."

할머니는 손녀에게 졸리다 못해 헌 찻잔 하나를 가지고 와서 물었습니다

"이 찻잔과 영락을 바꿀 수는 없을까요?"

때와 먼지가 묻은 찻잔은 크고 묵직한 것이었습니다. 바늘로 긁어 보니 그것은 순금이었습니다.

그러나 세에라바아는 눈치를 보이지 않으려고

"이건 아무짝에도 쓸 수 없는 고물입니다. 반푼의 값어치도 없어요. 이런 걸 갖고 영락을 사려하 다니요."하고 찻잔을 던져 놓고 가 버렸습니다.

이렇게 하여 값을 깎은 다음 다시 와서 흥정을 하자는 수작이었습니다.

조금 있다가 세리바가 대문으로 들어와 말했습니다.

"보물을 사 보시지요."

"영락 하나를 사려고 해요. 그러나 우리는 돈이 없어요. 아까 어느 장수가 이걸 주었더니 반푼어치도 안 된다며 던지고 가버렸어요."

할머니가 헌 찻잔을 가지고 나와서 보였습니다.

"아니 할머니, 이 찻잔은 순금이어요. 이렇게 크고 두껍고 묵직하니 좋이 천 냥은 되겠군요. 제가 가진 패물 모두가 겨우 3백 냥인걸요. 이 패물을 다 사시고도 돈이 7백 냥이나 남지요."

"그래요? 그럼 있는 대로 주고 이 찻잔을 가져가시오. 이건 당신이 정직해서 받게 되는 복이니까요."

세리바는 3백 냥의 패물을 주고 천 냥의 보물을 얻었습니다.

세리바가 나가고, 곧 세에라바아가 다시 들어왔습니다.

"아까 그것을 다시 흥정해 봅시다. 반푼어치가 안되지만 반푼을 쳐 드리지요"

"아까 그 찻잔 말입니까? 다른 패물 장수가 와서 사 갔어요. 천 냥 값어치가 된다며 가진 패물을 다 주고 가져갔어요. 나가시지요."

할머니는 세에라바아를 밀어내고 문을 닫았습니다.

(본생경 3번째 이야기)

좋은 거래 굳딜~입니다
저희 업소는 교환x반품 절대 안돼요
나중에 딴소리 있기? 없기!
!

안목 있는 젊은이 덕분에
죽기 전에 명품백 한번 써보내!

사흘 동안 칼 비가 내려

아수라 나라는, 싸움 귀신 아수라가 사는 나라입니다. 부처님 법을 따르지 않고, 훔치고 속이고 하는 사람이 아수라의 몸을 받습니다. 지옥에 떨어져 헤매다가 좋은 몸을 받은 것이 겨우, 아수라 땅 싸움귀신으로 태어난 이도 있습니다.

남의 땅에 쳐들어가 싸움을 거는 것이 아수라가 하는 일입니다. 저희들끼리 쉴 새 없이 싸움박질을 하는 것이 아수라가 하는 일이지요.

아수라의 왕 라후는 힘이 센 거인이지만 나쁜 일만 좋아했습니다. 라후는 큰 손으로 수미산 꼭대기를 쓰다듬기도 하고, 수많은 아수라 군사를 거느리고 와서 수미산 둘레의 여러 나라에 싸움을 걸기도 했습니다.

사치를 좋아하는 아수라왕 라후는 크고 푸른 주옥, 빨간 주옥, 잡색 주옥 등 갖가지 빛깔로 된 주옥을 몸에 휘감고 있습니다. 싸움에서 빼앗은 주옥입니다.

주옥은 모두 찬란한 광명을 내고 있습니다. 라후왕은 광명을 내는 이들 주옥을 자랑하고 있었습니다.

그러나 싸움 귀신의 왕 라후도 수미산을 지키는 4천왕의 힘에는 어림없지요. 4천왕이 수미산 위 허공에 버티고 서서 외쳤습니다.

"아수라의 버릇을 고쳐야겠다. 아수라의 머리 위에 칼비가 내리거라!"

그러자, 아수라의 넓은 영토에 칼이 비처럼 쏟아졌습니다.

작은 칼, 큰 칼, 한 자 길이, 다섯 자 길이, 열자 길이의 칼이 촘촘이 내리 꽂힙니다.

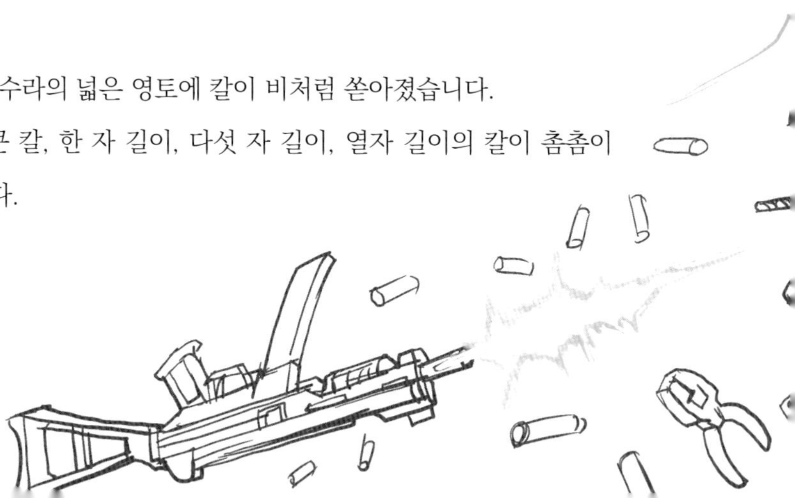

겁을 먹은 아수라 귀신들이 손을 싹싹 비비며 애원을 합니다.

"아수라 살려! 저희들이 잘못했어요."

"다시는 싸움질 않겠습니다. 칼비 그치게 해주세요. 제발 제발!"

사천왕이 칼비를 내린 것이 한두 번이 아닙니다. 그때마다 싸움 버릇을 고치고 부처님 말씀을 좇겠다던 아수라 귀신들입니다. 그러나 그때마다 말뿐이었습니다.

"한번 더 속아준다."

사천왕은 칼비를 멎게 했습니다.

사흘 동안 내린 칼비로 빠꼼빠꼼, 아수라의 나라가 온통 칼자국이 가득해졌습니다.

(한글대장경 74권 경집부 13)

일식과 월식

아수라의 왕 라후는 힘이 센 거인이지만 나쁜 일만 좋아했습니다.

아침에 해가 뜨면 세상 사람 모두가 해를 향해 인사를 합니다.

"세상을 밝게, 따뜻하게 해주는 해님 고마워요."

마음씨 나쁜 라후는 시샘이 났습니다.

"저 해를 먹어버려야겠어. 세상을 캄캄하게 해야지."

라후가 덥썩 해를 물었습니다. 그러나 해는 아주 뜨거운 불덩이입니다. "아. 뜨거 뜨거!"

뜨거운 해를 문 라후가 소리쳤습니다. 뜨거운 해가 목으로 잘 넘어갈까요?

세상 사람들은 그걸 모르고 말합니다.

"한낮에 해가 왜 저럴까? 해가 반 조각이야. 오늘이 일식인가봐."

그러다가 라후가 삼키려던 해를 뱉아버렸습니다. 해가 다시 밝아졌습니다.

"일식이 끝났군."

그러나 라후의 장난으로 일식이 일어나는 걸 아는 이가 드물지요.

“저 어여쁜 달님 봐. 빛이 고운 달님이야.”

사람들이 보름달을 보고 칭찬을 합니다. 그 말에 시샘이난 라후가 말했습니다.

“저 달을 먹어버려야겠어.”

덥썩! 라후가 달을 물었습니다. 그런데 달은 여간 차운 게 아닙니다. 아수라왕 라후의 뼈가 얼어버릴만치 차가운 달이었습니다.

“으윽! 차거 차거워, 으윽!”

해의 표면은 뜨겁기가 6천도였는데, 달은 영하 6천도로 차가웠습니다. 아무리 아수라 왕이지만, 소리칠 수 밖에요. 그러나 세상 사람들은 말합니다.

“밤중에 보름달이 왜 저럴까? 달이 점점 작이지네, 오늘 밤이 월식인가 봐.”

그러다가 라후가 견디지 못해서 달을 뱉아버렸습니다. 달이 다시 밝아졌습니다.

“월식이 끝났군.”

라후의 욕심을 모르는 사람들이 하는 말이었습니다.

(한글대장경 74권 경집부 13)

빛을 내는 손가락

어느 장자의 집에 아기가 태어났습니다. 태어난 사내 아기의 오른손 검지손가락에 광명이 비치고 있었습니다.아기가 태어난 마을은 밤이 낮처럼 환해졌습니다.

아버지는 아기에게 '등지燈指'라는 이름을 지어주었습니다. 손가락으로 등불을 밝힌다는 뜻이었습니다.

"등지 아기의 빛을 내는 손가락은, 여러 겁 전, 비바시 부처님 불상에 손가락 하나가 부러진 것을 만들어 붙여드린 공덕입니다."

예언의 바라문이 일러주는 말이었습니다.

마갈타 나라 아사세왕이 등지의 소문을 들었습니다.

"세상을 떠들썩하게 하는 그 아기를 한 번 보고 싶구나."

왕은 신하를 시켜, 등지의 부모가 아기를 데리고 오게 했습니다.

밤에 대궐 안이 대낮처럼 밝아졌습니다. 왕이 보고 싶었던 아기가 업혀서 온 것입니다. 왕은 놀라워하며 아기의 손가락을 만져보았습니다.

그리고 왕은, 아기를 코끼리 위에 태웠습니다. 왕과 신하가 뒤따르며 대궐은 한 바퀴 돌고 마갈타 서울 왕사성을 한 바퀴 돌았습니다.

"부처님 말씀이 어쩌면 그렇게도 참되고 묘할고. 이것은 전생에 좋은 인연을 지은 결과다."

아사세왕은 찬탄의 말을 거듭했습니다. 이로부터 마갈타 나라 사람들은 부처님 말씀을 더욱 굳게 믿고 따르게 되었습니다.

어른이 된 등지는, 많은 재산을 가난한 사람에게 나누어주고, 자기도 가난뱅이가 되었습니다. 묘지에 가서 품팔이를 했습니다. 죽은 사람을 업어다가 구덩이를 파고 묻는 일을 했습니다.

"아뭇소리 말고 천한 일을 충실히 하자!"

밤에는 무덤에서 주검들과 같이 자며 부처님을 생각했습니다.

그러던 어느 날이었습니다. 업고 온 시체가 떨어지지 않았습니다. 몸부림을 치고 뒹굴수록 주검이 어깨를 꽉꽉 잡는 것이었습니다.

시체를 업고 왔다며 비럭질을 하는 거지들도 등지를 끼워주지 않았습니다.

그런데 주검에서 손가락 하나가 떨어졌습니다. 주워보니 황금이었습니다.

그 순간 주검이 뚝 소리를 내며 갈라졌습니다. 누런 황금덩이었습니다.

등지는 황금을 조금씩 거지들에게 나눠 주며 부처님 말씀을 실천하도록 타일렀습니다. 등지의 손가락에는 여전히 광명이 비치고 있었습니다.

(한글대장경 73권 경집부 12)

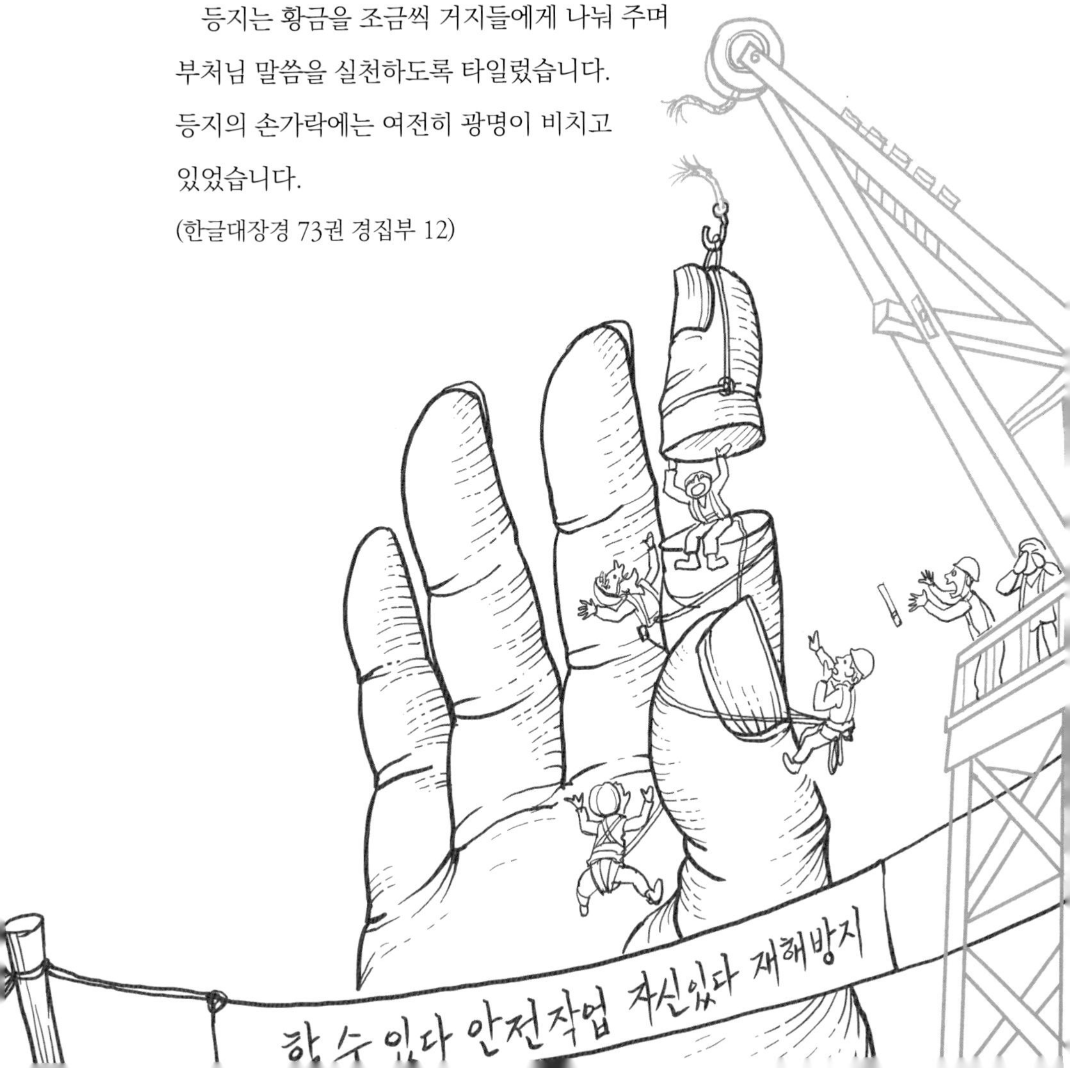

출가는 즐거운 것

석가족 젊은이 여덟은 스님이 되기로 결심하고, 부모님께 출가 허락을 받았습니다. 아나율· 바드리카· 난디· 쿰빌라· 난타· 발난타· 아난· 데바닷다입니다. 이들 중 아난은 아직 열 살이 못된 소년이었습니다.

"출가를 하면 계율에 얽매인다. 오늘 하루 놀이를 즐기다가 입산을 하자."

이렇게 약속한 석가족 젊은이 여덟은 코끼리와 말을 타고 놀이동산에 모였습니다. 여기에 수타족 우바리가 따랐습니다. 우바리는 석가족 청소년의 머리를 깎아 주는 이발사였습니다.

놀이를 마친 석가족 젊은이들은 몸을 꾸몄던 영락을 거두었습니다. 타고 온 말과 코끼리를 모아서 가난뱅이 이발사 우바리에게 주면서 말했습니다.

"이발사 우바리님. 그 동안 우리 몸을 단정히 꾸며주느라 수고하셨소. 우리는 출가를 결심한 몸이니 이 모두를 우바리님이 가지시오."

이발사가 받은 재산은 입이 딱 벌어질 만큼 많은 것이었습니다. 그러나 재산을 얻은 우바리의 말은 뜻밖이었습니다.

"왕손님들을 의지해 왔던 이 이발사가 혼자 남아 재산을 지닌들 무슨 뜻이 있겠습니까? 이발사도 왕손님들과 같이 출가하겠습니다!"

우바리는 얻은 보배 영락과 여러 개 보자기에 싸서 나무에 매달았습니다. 그리고 왕손의 놀이를 구경하러 모인 사람들에게 말했습니다.

"여기에 보배 영락과 보배 의복이 있습니다. 코끼리와 말이 있어요. 원하는 분들은 나누어 가지시오!"

얻은 재산 모두를 흩어버린 우바리는 석가족 청소년을 따라 나섰습니다.

일행은 부처님께 가서 발 아래에서 예배를 올렸습니다.

부처님은 이들에게 계를 내리시고, 우바리를 가장 윗자리에 앉혔습니다.

이제 이들은 비구 스님이라 불리게 되었습니다. 젊은이들의 소원이 이루어진 것입니다. 참으로 기쁜 일이었습니다.

이들 출가한 아홉 중 우바리는 계율을 잘 지켜서 지계제일의 제자가 되었습니다. 아난은 부처님의 법문을 많이 들어서 다문제일의 제자가 되고, 아나율은 천안통을 얻어, 천안제일의 제자가 되었습니다.

바드리카는 이름 없는 제자가 된 것이 기쁘고 즐거웠습니다. 그는 조용한 나무 밑에 홀로 앉아 마음을 한 곳에 모았습니다. 마음 속에 기쁨이 가득했습니다. 그러다가 그만

"참으로 즐겁구나! 참으로 기쁘구나!"

하고 외치고 말았습니다.

(한글대장경 93 율부, 사분률 제4권)

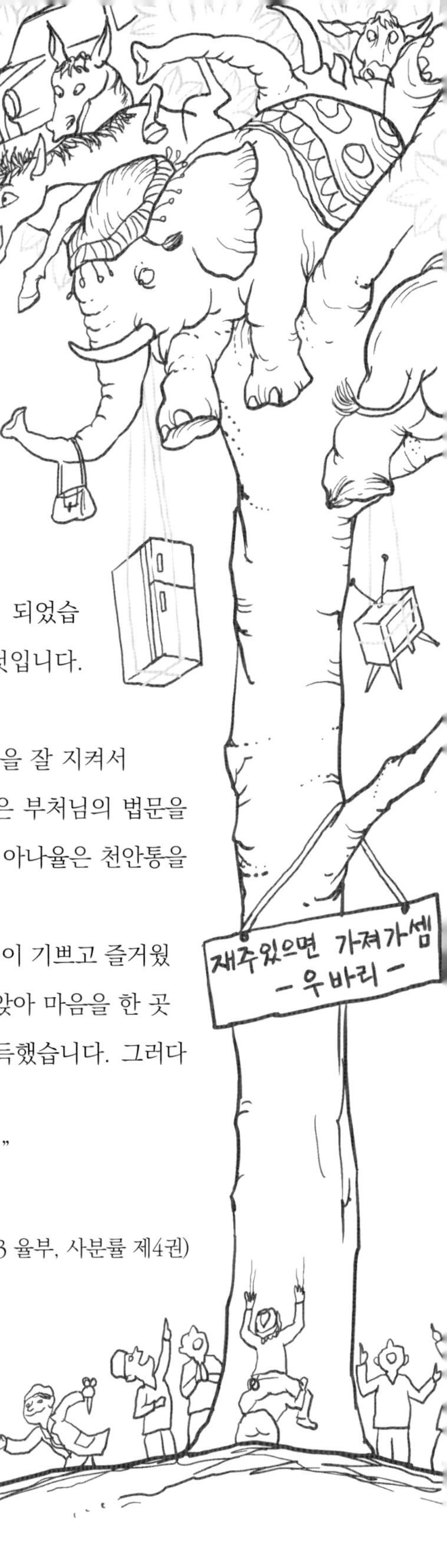

3

울단월 세계의 멥쌀

왕과 용

사람의 장자가 있었습니다.

한 사람은 계율을 잘 지켰으므로 다음 세상에서 왕으로 태어났습니다.

한 사람은 계율 지키기를 게을리 했기 때문에 용으로 태어나, 왕의 동산에 있는 깊은 우물에 살았습니다.

용은 계율을 잘 지켜서 다음 세상에는 좋은 몸을 받고 싶다는 생각을 했습니다. 계율을 공부하자면 계율의 경전을 보아야 합니다. 그러나 우물에서 책을 구하기는 어려운 일이었습니다.

용은 용궁에서만 먹을 수 있는 신비의 능금 한 개를 우물의 물 위에 띄워 놓았습니다. 계율의 책을 얻는 미끼를 삼기 위해서였습니다.

동산지기가 순회하다가 우물을 들여다보았습니다.

"저기 우물에 처음 보는 과일이 떠 있다."

동산지기는 두레박으로 과일을 건졌습니다.

"이건 보통 과일이 아니다. 향기만 맡아 보고 빛깔만 보아도 맛있는 과일임에 틀림없다. 이것으로 대궐 문지기에게 교제를 쓰자."

하고 동산지기는 능금을 예쁜 그릇에 담아 문지기에게 주었습니다.

문지기는 이 과일로 내시에게 교재를 썼습니다. 내시는 이 과일을 왕비에게 바쳤습니다. 왕비는 이 과일을 왕에게 올리면서

팔만대장경
팔만대장경
팔만택배
팔만대장경
팔만대

"이건 내시가 가져온 것인데 처음 보는 과일입니다. 대왕님이 드십시오." 하고 말했습니다."

왕은 과일을 맛보았습니다.

"이 세상에는 없는 과일이다. 내시가 가져 왔다고 했지?"

왕은 내시를 불렀습니다.

"이 과일을 어디서 얻었는가?"

"예, 사실은 저 문지기한테 선물 받은 것입니다."

이리하여 문지기가 불려오고, 동산지기가 불리어 왔습니다.

"이 과일은 어떤 과일나무에서 땄는가. 내 동산에 이렇게 맛좋은 과일이 있는가?"

"대왕님, 대왕님의 동산에서는 이런 과일이 열리지 않습니다. 이것은 동산의 우물에서 얻은 것입니다."

"그래? 어쨌든 동산지기 너는 날마다 이 과일을 구해 올려야 한다!"

왕의 명령을 듣고 동산지기는 어찔 바를 몰라했습니다.

'쓸데없이, 과일을 문지기에게 준 것이 화가 되고 말았군.'

동산지기는 우물에 가서 우물을 들여다보고 소리 내어 울었습니다. 그러자 우물 속에서 용이 고개를 쑥 내밀었습니다.

"무엇 때문에 통곡을 하는가?"

동산지기는 있었던 이야기를 모두 들려주었습니다. 이야기를 듣고 난 용은

"조금만 기다려." 하고 물속에 들어가더니 금소반에 과일을 담아가지고 나왔습니다.

"이것은 용궁의 능금이다. 나는 매일 이 능금을 이만큼씩 왕에게 바치겠다. 그 대신 왕에게 부탁하여 내 요구를 전해다오,"

용과 왕은 지난 세상에서 친구간이었다는 것과, 자기는 계율을 잘 지

키지 못해, 용이 되었다는 이야기를 했습니다. 그리고 계율을 적은 경전 한 권을 구해 줄 것을 왕에게 부탁한다는 말을 했습니다.

이 말을 전해들은 왕은

"이거 야단났다. 쓸데없이 과일을 즐기려 하다가 용으로부터 어려운 부탁을 받게 됐구나." 하고 걱정하게 되었습니다.

전국에 광고를 내어 계율의 경전을 구했습니다. 그러나 도덕을 받드는 시대가 아니어서 그것을 가진 사람이 없었습니다.

그러자 대신 한 사람이 나이 많은 아버지에게 이야기를 했습니다.

"도덕은 받드는 시대가 아니어서 모두들 경전을 버렸구나. 저기 저 기둥을 보아라. 기둥에서 밤이면 광명이 난다. 저기에 귀한 것이 들어 있는 것 같다."

아버지의 말씀을 듣고 신하는 자기 집 기둥을 쪼개어 보았습니다. 뜻밖에도 그 속에 계율의 경전이 들어 있었습니다. 오랜 옛날 조상이 후손을 위해 갈무리해 둔 것이었습니다.

왕은 계율의 경전을 용왕에게 전했습니다. 용왕은 많은 보배를 왕에게 선물했습니다. 왕이 이 보배를 책을 구한 신하에게 전했습니다. 그리고 왕은 경전에 있는 계율을 온나라 사람이 같이 지키도록 하였습니다.

(현우경 3번째 이야기)

앙큼한 까마귀

바라나시 사람들은 새들이 들어가 쉴 수 있도록 새장을 걸어 두고 있었습니다.

어느 장자의 집 요리사는 부엌에 새장을 걸어 두었습니다.

비둘기 한 마리가 이 새장에 거처를 정했습니다. 밖에 나가 먹이를 주워 먹다가 날이 저물면 들어와서 자곤 했습니다.

어느 날, 날이 저물 때쯤 까마귀 한 마리가 비둘기를 따라 들어왔습니다.

마음씨 좋은 요리사는

"우리 집 비둘기가 동무 하나를 데리고 왔군."

하며 새장을 하나 더 달아 까마귀가 지낼 수 있게 했습니다.

어느 날 요리사는 많은 요리감을 사 왔습니다.

부엌에는 생선과 고기를 여기저기에 달아 두었습니다. 까마귀는 그것을 보고 어떻게 하면 저걸 훔쳐 먹을까 생각했습니다.

날이 새자 비둘기는 먹이를 찾으러 가자고 했습니다.

"오늘은 네 혼자 가 봐. 나는 배가 아프단 말야. 까아옥!"

까마귀는 꾀병을 했습니다. 비둘기는 혼자 먹이를 찾으러 나갔습니다.

요리사가 생선과 고기를 만지기 시작했습니다. 그러다가 잠시 바깥에 나가 쉬고 있었습니다.

'고깃덩이 하나를 가져 와서 두고 먹어야지.'

까마귀는 새장에서 부뚜막으로 날아 내렸습니다. 그 바람에 음식이 쏟아지고 그릇이 떨어져 깨졌습니다.

요리사가 소리 지르며 들어와 까마귀를 붙잡았습니다.

"요 앙큼한 새야. 내가 너를 위해 일하고 있는 줄 아니?"

요리사는 까마귀의 털을 모조리 뽑아 버렸습니다.

그리고 빨간 알몸뚱이에 소금과 매운 간장을 발라 새장 안에 던져 넣었습니다.

"아이구 쓰려! 아이구 아파! 아이구 따가워! 까욱 까욱!"

까마귀는 새장 안에서 몸부림을 쳤습니다.

저녁 때가 되어 비둘기가 돌아왔습니다. 아파서 쩔쩔매는 까마귀를 보고 비둘기가 말했습니다.

"자기를 동정해 주는 이의 말을 듣지 않으면, 벌을 받는 거야."

(본생경 42번째 이야기)

대장장이 총각

대장장이 마을 촌장의 집에는 예쁜 딸이 있었습니다. 대장장이 마을에서 멀지 않은 마을에 한 사람, 대장장이 총각이 있었습니다. 총각은 콧노래를 흥얼거리며 달군 쇳덩이를 모루 위에 놓고 두드리고 있었습니다.

지나가던 마을 사람이 물었습니다.

"자네는 무엇을 만들고 있는가?"

"바늘을 만들고 있습니다."

"바늘을? 바늘이라면 이웃 대장장이 마을 것이 제일일 텐데.."

"그 마을 바늘과는 비교가 되지 않는 걸 만들고 있어요. 이걸 가지고 저 대장장이 마을로 가서 팔 거여요. 그리고 예쁘다는 촌장님 따님을 저의 아내로 맞아들일 겁니다."

"자네는 되지 않을 생각을 하네. 그건 헛수고야."

하고 마을 사람은 총각을 비웃었습니다.

얼마 자나자 대장장이 마을에 바늘 장사 총각이 나타났습니다.

"바늘 사세요, 바늘! 놀라운 솜씨로 만든 바늘입니다!"

대장장이 총각은 골목을 다니면서 외쳤습니다. 촌장의 집 앞에 와서는 더 큰 소리로 외쳤습니다.

"매끄럽고 가늘고 단단한 바늘이어요. 바늘 사세요!"

촌장의 딸이 이 소리를 들었습니다.

'어떤 젊은이인지 목소리는 우렁차구나. 그러나, 바늘을 만드는 대장장이 마을에 바늘을 팔러 오다니?'

촌장의 딸이 나와서 말했습니다.

"젊은 분. 이 마을은 대장장이들만 살아요. 집집마다 바늘을 만들어서 팝니다. 낚시바늘까지 만들어 팔지요. 바늘을 팔려거든 다른 마을로 가시는 게 좋을 텐데요."

총각은 아가씨의 모습을 흘끔흘끔 보았습니다. 듣던 그대로 미인이었습니다. 거기에다 목소리까지 고왔습니다.

"아가씨, 이건 솜씨가 뛰어난 바늘이지요. 특별한 바늘이어요. 촌장님께 좀 구경시켜 드리고 싶은데요."

촌장은 딸이 외간 총각과 이야기하는 목소리를 듣고, 딸을 불러들였습니다.

"아버지, 어떤 젊은 바늘 장수가 바늘을 팔겠다며 다닙니다. 아버지께 바늘을 보여드리고 싶대요."

"그래? 대장장이 마을에 바늘장사라?"

잠시 생각하던 촌장은 바늘 장수를 불러들이기로 했습니다.

"자네가 팔려는 바늘을 한 번 보세."

촌장은 바늘을 보자고 했습니다. 총각이 말했습니다.

"어르신네 한 분이 보시기보다 이왕이면 많은 사람 앞에서 보여드리는 게 좋을 듯합니다."

"그러기로 하세."

노안이 왔나?
혹시 벌거숭이 임금님 아닌겨?
산은 산이고 물은 물이고 바늘은 바늘이다!
하나 둘..... 케이스만 있는데?
있는것 맞나요?
왜 이공계 총각은 죄다 대머리일까?

촌장은 곧 마을 사람들을 모았습니다. 모두 대장장이들이었습니다.

대장장이 총각은 대통에 든 가느다란 바늘집을 촌장의 손에 놓아주었습니다.

“음, 이것이 바늘이로군.”

“아닙니다. 그것은 바늘만한 바늘집입니다. 그 바늘집 속에 또 바늘집이 있고, 그 바늘집 속에 바늘집이 있어요 그 바늘집 속에, 바늘집이 있고, 그 바늘집 속에 바늘집이 있지요. 이렇게 일곱 겹 바늘집 속에 바늘이 있는 겁니다.”

바늘 장사 총각은 일곱 겹 바늘 껍질을 열고 바늘을 내어서 촌장의 손에 놓았습니다.

보고 있던 대장장이들이 놀라와하며 손뼉을 쳤습니다.

“이 바늘집을 어떻게 만들었지? 대단한 솜씨로군.”

촌장도 그만 총각의 재주에 감탄하고 말았습니다.

“촌장님, 그뿐 아닙니다. 이 바늘은 쇠망치를 뚫을 정도로 야물고 날카롭습니다. 물 속에서도 똑바로 서 있습니다. 실험을 해 보여드릴까요?”

“그러기로 하세.”

곧 물을 담은 놋그릇이 준비되었습니다. 그 위에 철판을 걸쳤습니다.

총각이 바늘을 쥐고 쇠망치로 살금살금, 바늘을 쳤습니다. 바늘은 철판을 뚫고 그 아래 물그릇에 떨어져 똑바로 섰습니다. 넘어지지 않았습니다.

“놀라운 재주야. 우리는 이런 대장장이가 있다는 말을 듣지 못했지.”

보는 사람들이 모두 탄복을 하고 말았습니다.

총각은 뜻대로 촌장의 딸을 아내로 맞아들이게 되었습니다.

(본생경 387번째 이야기)

용감한 꿀꿀이 대장

목수가 나무를 베러 숲으로 갔다가, 깊은 구덩이에 빠진 아기 멧돼지를 구했습니다. 목수는 아기 멧돼지를 집으로 데리고 왔습니다. 그리고 '목수네 꿀꿀'이'라는 이름을 지어 주었습니다.

꿀꿀이는 자라면서 힘이 생기고, 슬기로워졌습니다. 그러자 목수가, 목수네 꿀꿀이를 숲으로 보내, 자유롭게 살도록 했습니다.

"고맙습니다. 주인님. 꿀꿀꿀."

목수네 꿀꿀이는 인사를 하고 숲으로 들어갔습니다.

제네바 협정을
준수합시다!

꿀꿀이는 숲속의 멧돼지를 모아 한 무리를 이루었습니다.

"여기에는 우리의 적이 있다. 그 적은 호랑이다. 힘이 세고 이빨이 억세다. 꿀꿀꿀."

"그 적을 물리칠 수 있다. 내 지시만 따르라. 내가 대장을 하겠다! 꿀꿀꿀."

목수네 꿀꿀이가 말했습니다.

꿀꿀이 대장은 멧돼지들을 나누어 부대를 조직했습니다. 적을 향해 돌격하는 부대, 숨어 있다가 일제히 나타나 적을 쳐부수는 부대를 따로 두었습니다.

이렇게 여기저기에 돼지 군사를 배치해 두고, 호랑이를 빠뜨릴 함정을 깊이 팠습니다. 그리고 꿀꿀이 대장이 들어갈 구덩이 하나를 더 만들었습니다.

호랑이는 먹이를 찾아 산꼭대기에서 서성댔습니다.

"대장님, 저기에 호랑이가 나타났어요, 꿀꿀!"

호랑이를 본 돼지가 외쳤습니다.

"두려워 말라. 저 호랑이가 말하는대로 '멧돼지'와 '호랑이'를 바꾸어서 소리쳐라!"

대장 멧돼지가 외쳤습니다. 멧돼지 소리가 나자 호랑이가

"이놈 멧돼지들 잘 만났다!" 하고 소리쳤습니다.

그러자 멧돼지들이

"이놈 호랑이 잘 만났다!"하고 소리쳤습니다.

호랑이는, 그전까지는 호랑이만 보면 달어나기 바쁘던 호랑이가 달라진 것을 느꼈습니다. ,

"멧돼지들아, 죽고 싶으냐?"

"호랑이 너, 죽고 싶으냐?"

“멧돼지들이 까분다, 까불어!”

“호랑이가 까분다, 까불어!”

꿀꿀이 군사들이 단결을 한 모습이 보이자 호랑이는 겁을 먹고 슬금슬금 피했습니다.

이튿날, 날이 새려 할 때였습니다.

“이놈들아, 네들이 나를 놀려, 어헝!”

하고 호랑이가 갑자기 꿀꿀이 대장을 덮쳤습니다.

기다리고 있던 꿀꿀이 대장은 살짝 구덩이로 몸을 피했습니다. 그 바람에 달려오던 호랑이가 거꾸로 함정에 빠져 허둥댔습니다.

때를 놓치지 않고 꿀꿀이 대장이 함정에 뛰어들어가 호랑이 가슴에 엄니를 깊이 박았습니다. 모든 멧돼지 군사가 같이 달려들었습니다.

호랑이는 숨이 멎고 말았습니다.

“만세, 멧돼지 군사 만세! 꿀꿀꿀.”

숲 속에 평화가 왔습니다.

(본생경 492번째 이야기)

울단월 세계의 멥쌀

부처님이 걸인 5백 명을 제자로 삼았습니다. 사위성의 제타 왕자가 이를 싫어했습니다.

"부처님은, 어째서 복 지은 사람을 두고 천하고 못난 거지를 제자로 삼으실까, 그것도 5백 명이나?"

부처님의 처사를 못마땅하게 생각한 제타 왕자는 부처님 제자들을 초청할 때, 걸인들은 제외하기로 했습니다.

어느 날, 제타는 부처님께 심부름꾼을 보냈습니다. 심부름꾼이 아뢰었습니다.

"제타 왕자님이 부처님과 제자분을 공양에 초대한다 하옵니다. 그러나 거지 제자들은 빼어달라 했습니다."

"그래, 그렇게 하겠다."

부처님이 태연히 대답하셨습니다. 그리고 거지 제자들을 불러 지시하셨습니다.

"얘들아, 우리는 제타 왕자의 초대에 간다. 너희들은 저 수미산 북쪽에 있는 울단월 세계로 가서 절로 난 멥쌀을 먹을만치 추수해서 왕궁으로 오너라."

"예, 세존이시여, 잘 다녀오십시오. 저희도 조심해서 다녀오겠습니다."

거지 제자들은 대답하고 모두 울단월 세계로 날아갔습니다.

부처님은 초청된 제자들을 데리고 왕궁으로 들어가 공양을 드셨습니다. 그때 하늘에 새처럼 무리지어 날아오는 것이 보였습니다.

"부처님, 저기 기러기 떼가 날아옵니다."

맨처음 이것을 보고 말한 것은 제타 왕자였습니다. 그런데 가까이 온 것을 보니 기러기가 아니라 하늘을 나는 스님들이었습니다.

스님들은 모두 하늘에서 궁중으로 날아 내렸습니다. 그들은 나란히 앉아서 가지고 온 멥쌀을 먹고 있었습니다. 제타 왕자가 부처님께 말했습니다.

"부처님, 저기에 5백 명쯤 되는 아라한이 하늘을 날아 내리셨습니다. 모습이 아주 단정하고 위엄이 있어 보입니다."

"그들이 모두 태자가 싫어하는 거지 제자들이오. 태자가 저 비구들을 청하지 않았으므로 울단월 세계로 가서 멥쌀을 가져오게 한 것이오. 그들은 이미 도를 이루고 신통력을 얻었소."

"그렇습니까? 제가 크게 잘못 생각했습니다."

제타 왕자는 자기의 행동을 부끄러워했습니다.

(현우경 29번째 이야기)

부처님 자리가 윗자리

빈비사라왕의 아우는 부처님 법을 따르지 않고 외도를 받들었습니다. 왕이 아무리 타일러도 말을 듣지 않았습니다.

어느 날 왕의 아우는 외도의 여섯 스승을 모셔다 대접하기로 했습니다.

"부처님을 같이 모셔라." 하고 왕이 부탁을 하자. 동생이 말했습니다.

"고타마를 초청하지는 않겠습니다. 스스로 오면 반대하지는 않겠지만요.."

이것을 알고 부처님이 외도의 자리에 나타났습니다.

부천님은 외도의 여섯 스승이 앉은 여섯번째 다음 차례에 가 앉으셨습니다. 그런데 절로 자리가 바뀌어, 부처님이 제일 앞자리에 가 계시는 것이었습니다.

"우리가 고타미의 다음 자리에 가 앉다니."

외도의 여섯 스승은 일어나서 부처님의 앞자리로 나아갔습니다. 그러나 금방 부처님 자리가 앞이 되는 것이었습니다.

외도들은 할 수 없이 부처님을 앞자리에 앉으시게 했습니다.

다음은 손 씻을 물을 따를 차례입니다. 외도를 한 사람이 물초롱을 들고 물을 따랐습니다.

외도들이 그들 스승에게 손씻을 물을 먼저 따르려 하자 초롱의 주둥이가 저절로 막혀, 물이 나오지 않았습니다. 할 수 없이 물을 부처님부터 따라 드리기로 했습니다. 그제야 물초롱에서 물이 나왔습니다.

다음은 공양을 올릴 차례입니다. 외도의 스승에게 먼저 음식을 차렸습니다. 그러자 바루가 머리 위 허공에 떠 있고 잡을 수가 없었습니다. 부처님께 먼저 공양을 올렸더니 그제야 바루가 제자리에 놓였습니다.

공양을 마친 부처님은 설법을 하셨습니다. 외도를 위해 차린 잔치가 부처님의 잔치가 되고 만 것입니다.

빈비사라왕의 아우는 크게 깨닫고 부처님을 따르기로 했습니다.

외도의 여섯 스승은 한탄했습니다.

"고타마의 도력에는 도리가 없다."

(현우경 144번째 이야기)

부처님의 신통력

악마의 왕 파피야스한테서 신통력을 배운 외도 여섯 스승이 부처님과 신통력 시합을 하자고 했습니다. 빈비사라왕에게 주선을 해 달라며 대궐을 찾아갔습니다.

왕이 웃으면서 말했습니다.

"뭐, 부처님과 신통력 시합을 하겠다는 건가요? 안 됩니다. 부처님과 겨루는 것은 반딧불이 태양과 빛을 겨루는 것과 같습니다. 소발자국에 괸 물로 바다의 많은 물을, 견주어 보는 것과도 같아요."

"우리의 신통력이 고타마보다 뛰어나지요. 자신이 있으니까 하는 말입니다."

"그래도 부처님과는 안 됩니다. 정 그렇다면 부처님의 동의를 얻어 시합을 주선해 보지요."

빈비사라왕은 곧 부처님을 찾아 뵈었습니다.

"부처님 저 외도의 여섯 스승이 부처님과 신통력을 겨루어 보자 합니다."

왕의 말을 듣고 부처님은

"내가 때를 알아서 하겠소." 하고 대답하셨습니다. 왕은 부처님이 시합을 허락한 것으로 알고 신하들에게 명령하여 장소를 마련하게 했습니다.

"부처님이 외도들과 신통력 시합을 하신대."

"그거 참 볼만한 구경거리다."

모든 시민들은 이 멋진 구경거리에 관심이 많았습니다.

선달 초하룻날 부처님은 시합장으로 가셨습니다. 수많은 외도들도 외도의 여섯 스승을 모시고 모여들었습니다. 외도 스승이 보는 앞에서 부처님이 먼저 신통력을 보였습니다. 부처님은 빈비사라왕이 올리는 공양을 마치고 나무로 만든 이닦이로 이를 닦은 다음 입을 가시셨습니다. 그리고 그 이닦이를 땅에 심으셨습니다. 그러자 이닦이는 금방 살아나서 무럭무럭 자랐습니다. 나무 꼭대기는 구름 위로 솟아 보이지 않았습니다.

나무에는 수많은 가지가 벋어 온 하늘을 가리었습니다. 자세히 보니 그 크고 웅장한 나무의 줄기와 가지와 잎이 모두 보석으로 되어 있었습니다. 반짝이는 빛깔이 찬란했습니다.

쳐다보는 사람들과 외도들이 그만 입을 벌리고 말았습니다.

이 커다란 나무에 아름답고 큰 꽃이 피더니, 닷 되들이 병만한 열매가 수없이 열리는 것이었습니다.

바람이 불자 열매에서 아름다운 향기가 흘렀습니다. 가지와 가지가, 잎과 잎이 서로 부딪히면서 아름다운 음악 소리를 냈습니다. 그 소리는 아무리 들어도 싫증이 나지 않았습니다.

부처님의 신통력으로 그 높은 나무의 열매를 따서 모인 사람들에게 고루 하나씩 나누어 주셨습니다. 부처님의 신통력 시합은 보름 동안이나 계속되었습니다.

마지막 날 부처님은 천천히 손을 펴 자리를 만지셨습니다. 그 때 벼락치는 소리가 나더니 쇠몽둥이를 든 여섯 귀신이 나타나 외도의 여섯 스승에게 달려들었습니다. 여섯 스승이 신통력으로 귀신을 하나씩 나타나게 하여 대항을 시켜보았으나, 여섯이 부처님의 하나에도 이기지 못하고 쫓겨서 강물로 뛰어들었습니다.

"부처님께는 상대가 되지 않는군."

사람들은 부처님의 신통력을 보고 모두 부처님을 따르게 되었습니다.

(현우경 14번째 아야기 부분)

담맛다자의 기적

야사바니왕이 바라나시를 다스리고 있을 때입니다.

사제관 담맛다자는 바라지도 않은 재판관이 되었습니다. 그 뒤로는 공정한 판결이 이루어졌습니다. 그러자, 뇌물을 얻지 못하게 된 전날의 재판관 카라카가 담맛다자를 모함하게 되었습니다.

"대왕님, 담맛다자가 대왕님의 나라를 탐내고 있습니다."

왕에게 고했습니다.

"그런 말 하는 것이 아니오."

왕은 그를 나무랐습니다.

그러던 왕도 여러 번 카라카의 말을 듣고보니 귀를 기울이게 되었습니다.

"대왕님, 저 담맛다자를 그대로 두면 후환이 두렵습니다."

"그렇지만 죄 없는 사람을 어떻게 할 수 있소?"

"대왕님, 죄를 만들면 되지 않습니까. 할 수 없는 일을 명령해 놓고 그것을 하지 못했다는 죄를 씌워도 되는겁니다."

카라카의 말에 넘어간 야사바니왕은 담맛다자를 불렀습니다. 그리고 카라카가 말해 준대로 그에게 할 수 없는 일을 명령했습니다.

"사제관 담맛다자여, 나는 새 정원에서 진리를 베풀고 싶소. 숲이 우거진 정원을 하룻밤 동안에 만드시오. 그것을 하지 못할 때는 죄를 다스리겠소."

왕의 명령을 받은 담맛다자는 말했습니다.

"그것은 적어도 2~3년에서 수 10년 걸리는 일입니다. 그러나 대왕님의 명령이라면 하룻밤 동안에 만들도록 노력해 보겠습니다."

집으로 돌아간 담맛다자는 저녁을 먹고 누워서 곰곰히 생각했습니다. 카라카가 자기를 모함하고 있다는 것을 알았습니다. 그러나 하룻밤 동안에 정원을 만들 수는 없는 일이었습니다.

그 때 하늘의 왕 제석이 자리가 뜨거워지는 걸 느꼈습니다. 깜짝 놀라 아래 세상을 내려다보니 담맛다자 사제관이 크게 고민을 하고 있는 것이었습니다.

그는 곧 담맛다자의 침실로 갔습니다. 침실의 허공에 서서 물었습니다.

“나는 제석이오. 현자는 무엇 때문에 고민하시오?”

“대왕님이 내일까지 숲이 우거진 정원을 만들라 하셨소. 그것이 큰 고민이오.”

“현자여, 걱정하지 마십시오. 하늘나라의 환희동산같은 정원을 만들어 드리지요.”

제석천왕은 담맛다자가 일러준 장소에 화려한 정원을 꾸며 놓고 돌아갔습니다.

이튿날 담맛다자는 제석천왕이 만들어 준 정원으로 왕을 안내했습니다. 빨간 담으로 둘러싸인 정원에는 동서남북에 망루가 달린 문을 갖추고 있었습니다. 숲이라고는 하나도 없던 땅에 갖가지 꽃나무가 심어져 꽃이 만발하고 있었습니다. 새로 이루어진 숲에는 온갖 새들이 우짖고 있었습니다.

야사바니왕은 놀라서 입을 다물지 못했습니다.

그러던 왕은 카라카가 말한대로, 이 정원 안에 하룻밤 동안에 칠보 연못을 만들게 했습니다. 다음에는 이 정원에 상아로 된 별궁을 하룻밤에 짓게 하고, 다시 하룻밤 사이에 별궁의 밤을 낮같이 밝힐 수 있는 광채나는 보주를 달라고 했습니다.

왕은 그 보배 구슬의 광채 속을 거닐며 감탄을 했습니다. 카라카가

DAMMAILAND

말했습니다.

"대왕님, 저 담맛다자에게는 그를 도와주는 천신이 있는 것 같습니다. 이번에는 천신도 만들지 못하는 것을 요구해 보십시오. 그것은 네 가지 덕을 갖춘 정원사를 하룻밤 동안에 구하는 일입니다. 네 가지 덕은 신통력으로 이루어지는 것이 아니니까요."

야사바니왕은 사제관 담맛다자를 불러, 네 가지 덕을 갖춘 정원사를 하룻밤 사이에 구하라고 했습니다. .

"그런 사람은 좀처럼 얻기 어렵겠습니다만 노력해 보겠습니다."

담맛다자는 크게 고민을 하기 시작했습니다. 그러다 제석의 도움으로 왕의 머리를 꾸미는 이발사 찻타파니를 천거했습니다.

왕은 이발사 찻타파니를 불렀습니다.

"그대는 날마다 내 머리를 만지는 사람에 지나지 않는다. 네 가지 덕이 있다니 무엇 무엇인가?"

"대왕님, 저는 이발사를 하고 있지만 남을 미워하지 않았습니다. 성내지 않았습니다. 욕심내지 않았습니다. 술을 마시지 않았습니다."

이발사의 말을 듣고 다른 사람에게도 물어 보았지만 이발사는 이 네 가지를 철저히 지켜온 것으로 증명이 되었습니다.

야사바니왕은 곧 이발사를 정원사에 임명했습니다. 그 때였습니다. 모든 것을 알게 된 야사바니왕이 손을 들어 신호를 보내었습니다. 그러자 신하들과 바라문 거사들이 모두 일어나서 카라카를 꾸짖었습니다.

"이 나쁜 사람아. 뇌물을 얻기 위해 현인을 모함하여 죽이려 하다니?"

카라카는 곧 궁궐 밖으로 끌려 나갔습니다.

(본생경 담맛다자 이야기)

누구나 다 알지만 잘 안읽은 이야기

팔만대장경 ❼

펴낸 곳 | 도서출판 솔바람
펴낸이 | 이동출
기획한이 | 형난옥
엮은이 | 신현득
그림그린이 | 송교성
편집 | 김용란
디자인 | 김용아
초판 1쇄 인쇄 | 2023년 6월 10일
초판 1쇄 발행 | 2023년 6월 15일
등록일 | 제5-191호 1989.07.04
주소 | 서울시 종로구 삼봉로 81 두산위브 파빌리온 1231호
전화 | 02- 720- 0824 팩스 | 02- 391- 1598

ISBN 978-89-85760-48-5
ISBN 978-89-85760-90-4 74220 (세트)